Собака Гороскоп 2024

Alina A Rubi/Angeline A. Rubi

Издается самостоятельно

Введение

Китайский календарь - древний и сложный, он никогда не был упрощен. Во многих культурах лунный календарь заменялся солнечным.

Китайский, исламский и еврейский календари управляются лунными фазами. Это сложная система, поскольку они управляются не только лунными циклами, но и включают в себя солнечный цикл, цикл Юпитера и Сатурна.

Китайцы считают, что универсальная энергия управляется балансом. Важнейшим элементом этого баланса является концепция Инь и Ян. Инь противоположна Ян и наоборот, но вместе они достигают полного равновесия. Эта энергия присутствует во всем сущем, как в материальном, так и в нематериальном.

Символ Инь/Ян разделен на две половины, одна из которых черная (Инь), а другая белая (Ян). Обе части соединены посередине эллипсом, который соединяет их вместе, образуя кривую. Их черный и белый цвета означают, что существует дуализм, и для того, чтобы существовало одно, необходимо, чтобы существовало и другое. Внутри Инь находится круг Ян, который символизирует, что тьма всегда требует света. Внутри Ян находится круг Инь, что говорит о том, что внутри света мы всегда найдем тьму.

Объединяющий их эллипс означает, что все течет, трансформируется и эволюционирует. При дисбалансе любой из этих двух энергий, Инь или Ян, наша жизнь не сбалансирована, поскольку вместе они усиливают друг друга. Мы никогда не должны думать, что одна энергия превосходит другую, они должны совпадать в равной степени.

К сожалению, в нашем обществе существует тенденция отдавать предпочтение энергии Ян, считая, что ее характеристики являются наиболее значимыми. Тем самым мы создаем разделение между духовным и материальным планом, поскольку, снижая значение энергии Инь, мы становимся менее рефлексивными, считая, что восприимчивость — это нечто негативное, так как подразумевает хрупкость.

То же самое происходит и с темнотой, мы не только избегаем ее, но и боимся ее. Обе энергии важны. Мы можем быть духовными существами только тогда, когда существует баланс между Инь и Ян, потому что вы не только светлые, но и темные. Ошибочно ценить и отдавать предпочтение сильному, или действию. Мы должны ценить женское начало и чувствительность, потому что только так мы можем достичь истинного равновесия нашего существа, с позиции любви и твердости.

В знаках китайского зодиака присутствуют энергии Инь и Ян, и именно они определяют характеристики каждого животного и связанные с ними стихии.

Июньская энергия связана с темным, холодным, женским началом, абстракцией, глубиной и Луной. Июньские знаки вдумчивы, чувствительны и любопытны. Это Бык, Кролик, Змея, Коза, Петух и Свинья.

Энергия Ян связана со светом, теплом, поверхностностью, Солнцем и логическим мышлением. Это импульсивные и материалистичные знаки. К ним относятся: Крыса, Тигр, Дракон, Лошадь, Обезьяна и Собака.

Энергии Инь и Ян связаны со стихиями, которые, в свою очередь, будут вытекать из годов, в которые они происходят. Каждый элемент обладает энергией Инь и Ян.

- Годы, оканчивающиеся на цифру **0,** имеют элемент Металл и связаны с энергией Ян.

- Годы, оканчивающиеся на цифру **1**, имеют элемент Металл и связаны с энергией Инь.

- Годы, оканчивающиеся на цифру **2**, **относятся к** стихии Воды и связаны с энергией Ян.

- Годы, оканчивающиеся на цифру **3**, **относятся к** стихии Воды и связаны с энергией Инь.

- Годы, оканчивающиеся на цифру **4**, имеют элемент Дерево и связаны с энергией Ян.

- Годы, оканчивающиеся на цифру **5**, имеют элемент Дерево и связаны с энергией Инь.
- Годы, оканчивающиеся на цифру **6**, имеют стихию Огня и связаны с энергией Ян.

- Годы, оканчивающиеся на цифру **7,** имеют стихию Огня и связаны с энергией Инь.

- Годы, оканчивающиеся на цифру 8, имеют элемент Земли и связаны с энергией Ян.

- Годы, оканчивающиеся на цифру **9,** имеют элемент Земли и связаны с энергией Инь.

Общие предсказания на год Дракона

10 февраля 2024 года начинается сенсационный Год Зеленого Деревянного Дракона, а согласно китайской астрологии, зеленый цвет символизирует жизнь, перемены и рост.

Ассоциированная планета - Юпитер, планета очень благоприятная; мы будем пожинать плоды, посеянные в 2023 году.

Год Дракона в 2024 году принесет нам удачу, процветание, благополучие и прогресс. У нас будет много возможностей для роста и трансформации, но также и вызовов, и сложностей, что подчеркнет необходимость прощения, сочувствия и мирных решений.

В годы, когда стихией является дерево, жизнь вознаграждает людей общительных и профессиональных. Получение высшего образования или путешествие — вот некоторые из возможностей этого года.

У нас будет возможность развить свои лидерские качества, это год новых начинаний и создания структур, которые будут работать в долгосрочной перспективе.

Этот год Дракона благоприятен для перемен и роста, так как энергия деревянного дракона обладает способностью вдохновлять на новые идеи и возвышать наше воображение.

Нам предстоит прожить несколько этапов, которые будут полны трудностей, но именно в эти моменты мы должны использовать энергию дракона, чтобы добиться успеха и преодолеть трудности.

В течение года не забывайте, что дракон олицетворяет перемены и адаптивность - качества, которые помогут нам расти и обновляться.

2024 год будет насыщен возможностями для развития, мы переживем множество политических, экономических, реляционных и экологических конфликтов, подчеркивая, что мирные решения — это ответ на любую проблему.

Этот год будет стимулировать нас к новым делам и развитию предпринимательства, так как энергия Дракона, его качества смелости и амбициозности будут вдохновлять нас.

 У нас разовьется множество адаптационных способностей, а терпение и настойчивость позволят преодолеть все невзгоды и двигаться к успеху.

Этот год также благоприятен для работы над своим духовным ростом, очень важно сохранять концентрацию на своих целях.

В целом, это будет год позитивных перемен и значительных достижений в нашей жизни, когда мы сможем найти любовь, укрепить отношения, добиться экономического и духовного процветания.

Происхождение китайского гороскопа

Китайский гороскоп - традиция, насчитывающая более 5000 лет, и основан на лунных годах.

По преданию, Будда призвал всех животных, однако на его зов явились только двенадцать, расположенные в следующем порядке: крыса, бык, тигр, кролик, дракон, змея, лошадь, коза, обезьяна, петух, собака и свинья.

Каждое животное получало в подарок год, образуя двенадцатилетний цикл, используемый в китайской астрологии. Таким образом, каждый знак имеет название животного, и каждому животному соответствует свой год.

Каждому животному также была присвоена одна из пяти стихий, соответствующих планетарным энергиям:

- вода (планета Меркурий)
- металл (планета Венера)
- огонь (планета Марс)
- дерево (планета Юпитер)
- Земля (планета Сатурн)

Китайский гороскоп выражает аналогию космических энергий с каждым человеком. Поэтому энергия каждого человека представлена одним из двенадцати животных, образующих эту зодиакальную систему.

Каждое животное и соответствующая ему энергия определяются датой вашего рождения. Эти энергии определяют ваше поведение и восприятие мира. Для китайцев эти знаки символизируют наиболее яркие особенности нашего характера. Чтобы правильно понять значение животных, необходимо рассматривать их как духовные символы.

Китайский гороскоп не основан на солнечном цикле, на котором базируется западный гороскоп. Он основан на циклах Луны. Каждый лунный год имеет двенадцать новолуний, а каждые двенадцать лет - тринадцатое, поэтому новый год никогда не совпадает с датой предыдущего года.

Двенадцать животных китайского гороскопа влияют на жизнь, удачу и волю всех людей. Эти качества не проявляются открыто в повседневной жизни, но они всегда присутствуют, действуя в виде скрытых сил.

Китайский период в двенадцать лет связан с транзитом планеты Юпитер, и каждый китайский лунный год в западной астрологии практически соответствует продолжительности транзита Юпитера по знаку зодиака. Юпитер всегда находится в том знаке западной астрологии, который традиционно соответствует животному в китайском гороскопе.

Китайский элемент года 2024, Дерево

Элемент 2024 года - дерево. Дерево - творческий элемент. Если эта стихия соответствует вам по году рождения, то вам следует направить эту энергию в творческое русло.

Дерево символизирует сострадание и терпимость. Если вы хотите воспользоваться этими энергиями, важно в течение всего года окружать себя натуральными растениями, цветами и зелеными предметами.

Дерево - элемент, связанный со способностью проектировать и принимать решения, поэтому 2024 год будет годом развития, эволюции и расцвета.

Этот элемент связан с пищеварением, дыханием, сердцем и обменом веществ, а в традиционной китайской медицине он гарантирует непрерывный энергетический поток. Применительно к чувствам это означает правильное выражение наших эмоций.

В течение 2024 года дерево поможет нам обрести осознание и понимание объективной реальности. Оно принесет нам твердость и эмпатию в отношениях.

Дерево, связанное с нашей личностью, принесет нам необходимую дозу энтузиазма, решительности и динамизма, чтобы мы могли действовать и противостоять всем вызовам этого года.

Дерево - элемент, необходимый нам в этом году для принятия необходимых решений, для перемен, которые крайне важны.

Благодаря этому элементу мы будем иметь правильные стратегии, способность организовывать и сохранять контроль над всеми процессами, но при этом сохранять гибкость.

Хотя это и элемент 2024 года, если у вас есть бизнес и вы хотите, чтобы он процветал и имел экономическое изобилие, необходимо учитывать и другие элементы.

В бизнесе **стихия Воды** является наиболее важной, поскольку она олицетворяет изобилие, богатство, власть и умение управлять, накапливать и сохранять свои деньги.

Вода не может застаиваться. Она не должна находиться в вазе, если воду не меняют каждый день, так как застой воды препятствует получению прибыли и отталкивает клиентов.

Чтобы деньги текли, должна течь вода. Если у вас есть бассейн, то его нужно чистить, если есть фонтан, то он должен выполнять цикл входа и выхода из него. В аквариуме она должна двигаться и насыщаться кислородом.

В трубах она должна течь, хотя бы раз в день вы должны дать ей течь, открыв запорный кран.

В каждом бизнесе должна быть в движении стихия Воды, иначе он не будет накапливать товары и продвигаться вперед.

Даже если это всего лишь небольшой аквариум или емкость, в которой вода меняется каждый день.

Вода должна находиться у входа в бизнес или в северной или северо-западной зоне бизнеса, где хранятся деньги или осуществляется управление бизнесом.

Элемент Огня в бизнесе должен располагаться на юге помещения.

Она может находиться у входа, в конце или по бокам. Но если речь идет о пищевом бизнесе, то она может располагаться где угодно.

Огонь символизирует популярность и то изобилие, которое не накапливается, поэтому Вода должна использоваться на противоположной стороне от Огня, так как Огонь привлекает клиентуру, а Вода поддерживает экономический поток.

Элемент **Земли** является первозданным, так как это основа, на которой держится все.

Два украшенных сосуда с засушенными цветами или каменный постамент могут символизировать стихию Земли.

Земля должна присутствовать в конструкции, а также находиться в центре помещения или на юго-востоке, поскольку именно там она проявляет себя наилучшим образом. Земля дает безопасность, но должна сопровождаться Огнем на Юге и Водой на Севере.

Земля стабильна, поддается формовке и является отражением всей планеты.

Если вы хотите, чтобы бизнес просто выживал и заботился о земной стихии, этого достаточно.

Элемент Металл очень динамичен и активен, имеет множество возможностей в бизнесе. В прошлом в Китае Металл считался золотом.

Элемент Металл олицетворяет силу и власть, постоянство, безопасность и богатство,

Его позиция - Запад, и не забывайте, что Металл усиливает любую позицию входа и выхода из бизнеса, наряду с кристаллом.

Деревянный элемент является основой конструкции, несмотря на свою хрупкость.

Дерево следует размещать на востоке бизнеса, но желательно располагать его диаметрально по отношению к Металлу.

Металл - на западе, Дерево - на востоке, Огонь - на юге, Вода - на севере, Земля - в центре, чтобы ваш бизнес всегда был успешным.

Значение стихий в китайском гороскопе

Элемент Металл

Люди, родившиеся в годы, оканчивающиеся на 0 или 1 в китайском гороскопе, относятся к стихии металла. Металл, материал, из которого делают щиты и мечи, — это элемент, символизирующий твердость и честность, а также суровость.

Металл - элемент осени, сезона урожая и изобилия. Он двойственен, как и функции его стихии, поскольку в виде меча он ликвидирует, а в виде ложки - питает. Металл происходит из земли, в нем доминирует Огонь, и он преобразует дерево.

Личность этих людей, принадлежащих к стихии металла, имеет тенденцию к ярко выраженной амбивалентности. Лучше всего им работается в одиночестве, так как они ни перед кем не отчитываются.

Они решительны, сами вершат свою судьбу, упрямы, профессиональны и равнодушны к любым попыткам компромисса. Свобода для них превыше всего, и бесполезно пытаться давить на них, а тем более помогать им, потому что они никого не слушают и не приемлют назойливости и препятствий. Они полагаются только на себя и не позволяют никому произвести на себя впечатление, поскольку они сильны и способны совершать великие дела.

Для них не существует трудностей, которые могут их остановить, и даже если ситуация становится несостоятельной, они сопротивляются до конца. Они амбициозны и расчетливы, любят деньги, власть и успех, и не пожалеют средств для достижения своих целей, даже если это будет означать разрыв отношений.

Они предназначены для профессий, позволяющих проявить свою стихию: ювелиры, финансисты, страховщики любого рода, слесари, шахтеры, хирурги, а также для любого контекста, который позволяет им выделиться среди других. Они также могут быть успешны в профессиях, связанных с деревом или бумагой. Профессии, связанные с водой, принесут им пользу, профессии, связанные с землей, могут вызвать конфликты, а от профессий, связанных с огнем, следует держаться подальше.

Их не интересуют чувства, их не трогают трудности других людей, и они манипулируют ими, если могут получить преимущество. Страдают от этого именно люди стихии дерева, поскольку она манипулирует ими и подавляет их лобовой агрессией. Однако люди водной стихии, поскольку они восприимчивы, получают эффективный толчок, который приносит им огромную пользу. Единственные, кто действительно может их прогнуть, — это представители стихии Огня, так как они с заразительной эмоциональностью доминируют над их бесчувственностью и суровостью.

Физически представителя стихии металла можно узнать по грустному взгляду и анемичному цвету лица. Они хрупки, склонны к стрессам, на них могут влиять перепады температуры и неправильное питание. Поэтому им следует возбуждать аппетит, делая упор на острую пищу.

Наиболее благоприятное время года для них - осень, в этот период они могут максимально раскрыть свои потенциальные возможности, но это не значит, что они должны переусердствовать или упрямиться. Ему следует носить белую одежду, а в качестве амулетов использовать металлы и белый кварц.

Металл жесткий и непреклонный, не боится опасности. Это независимый тип личности, который, движимый жадностью, действует настойчиво, концентрируется на успехе, планирует наперед и не приемлет спонтанного.

Приняв однажды выбранный путь, он уже не меняет его. Несмотря на внешнюю невосприимчивость, люди этой стихии излучают магнетизм, который воспринимается всеми, с кем они общаются. Однако, чтобы воспользоваться своими способностями, они должны научиться быть менее догматичными, так как это мешает им в отношениях.

Люди, родившиеся под знаком металла, должны воспитывать себя, чтобы уметь выражать свои эмоции. Если они этого не сделают, то почувствуют, что их энергия уменьшилась.

Элемент Земли

Люди, родившиеся в годы, оканчивающиеся на цифры 8 или 9, относятся к стихии Земли. Этой стихии соответствуют такие характеристики, как стойкость, упорство и плодовитость. Хотя в китайской астрологии Земля не имеет собственного сезона, в календаре она связана с последними двумя-тремя неделями других сезонов.

 Земля - стихия, олицетворяющая стабильность и осязаемость, но при избытке она превращает людей в осторожных, подозрительных и упрямых, ограничивая их инициативы и фантазии.

Человек стихии Земли терпелив и скромен, всегда работает с постоянством, не давая себе ни секунды на радость или расстройство. Он никогда не устает, может быть как жадным и материалистичным, так и наивным и осторожным. Самая несомненная его черта - подчеркнутое уныние. Он слишком серьезен, любит планировать и руководить, ужасно боится случайностей, и, хотя он умен и обладает исключительной памятью, ему мешает выглядеть блестяще.

Неутомимый рефлектор, амбициозный и тревожный, он подвержен, таким образом, перезарядке селезенки - органа, связанного с этой стихией и ослабленного при резкой психике человека.

Человек, принадлежащий к этой стихии, завязывает личные отношения постепенно, но прочно и надолго. Он очень предан и защитник в любви, всегда готов заключить договор и выполнять свои обязанности, и, хотя он не демонстративен в своих эмоциях, является плечом, на которое всегда можно рассчитывать, потому что он будет рядом в те моменты, когда вам это необходимо.

В работе они серьезны и уединены, но при этом организованны и надежны. Это именно те люди, которые ведут дела с моралью, строгостью и огнеупорной честностью. Рассудительность делает их непревзойденными посредниками в решении проблем, способствуя своим практичным и удобным выходам. Они подходят для профессий, требующих сноровки, но не предполагающих инициативы, а также для лидерских ситуаций.

Хотя ее нелегко переносить из-за капризности, ностальгии и неумения быть жизнерадостной, она хорошо взаимодействует с элементом металла, которому придает стабильность, и с водой, которую ей удается сдерживать и умело управлять.

Обычно он конфликтует с элементом Дерева, который хотя и защищает его, но иногда и душит, а также с Огнем, который подгоняет его в той же мере, в какой и ослабляет.

Элемент земли связан с планетой Сатурн. Вы должны быть очень осторожны с потреблением сладостей, то есть того, что вы любите, поскольку это связано с вашей стихией. Им всегда следует выбирать натуральные сладости и ограничить употребление белого сахара, так как он разрушает кальций в костной системе. Другим слабым местом является пищеварительная система, которая обычно сильно наказывает его, поэтому ему следует придерживаться легкой и легкоусвояемой диеты. Рекомендуется стремиться к прямому контакту с Матерью-Землей, ходить босиком по песку или в поле.

Его счастливый цвет - желтый, а кварц - топаз и цитрин.

Земля олицетворяет богатство, разумность, материализм и безопасность. Эти люди склонны к интроспекции, что обусловливает их высокую способность к рассуждениям. Земля - вместилище жизни, и это накладывает неизгладимую печать на тех, кто родился под влиянием этой стихии, поскольку это стабильные люди, которым можно делегировать полномочия.

Земля питается огнем, вырабатывая огромную энергию, которая нагревает и плавит металл, подчиняет себе воду и может поглотить дерево.

Чтобы чувствовать себя хорошо, человеку стихии Земли необходима материальная обеспеченность, хотя следует отметить, что они трудолюбивы, формальны и организованны. Их можно упрекнуть в претенциозности, но в силу своих достоинств они продвигаются к цели медленно, получая стабильные результаты.

Элемент огня

Люди, родившиеся в годы, оканчивающиеся на 6 или 7, соответствуют стихии огня. К этой стихии относятся страсть, смелость и лидерство. Стихия огня — это стихия летнего сезона, когда все плодоносит и достигает своего завершения. Она связана с планетой Марс, благотворной, но иногда импульсивной. Она чрезмерно стерильна и символизирует человека, который преуспевает, но при этом плохо обращается с другими. Бойкий, тщеславный, раздражительный, человек этой стихии переходит от гнева к безудержной радости.

С детства он обладает лидерскими качествами, в его жизни присутствует честолюбие, он любит опасности, смех, энтузиазм и конфликты. Трудности, вместо того чтобы обескуражить, побуждают его к действию, и в этих случаях с ним происходит бурная метаморфоза.

Эти люди рождены, чтобы побеждать, но не умеют этого признать, потому что не умеют наблюдать за собой и использовать свою энергию. Они великолепны в военной сфере, в спорте, в качестве начальников, так как остальные гибнут перед их харизмой. Они умеют использовать энергию стихии дерева, ставя ее гений себе на службу, и вызывают у людей стихии земли жизненную смелость двигаться вперед.
Люди водной стихии склонны гасить свою страсть, а люди металлической стихии подвергают ее испытанию жесткостью, истощающей их энергетическое поле.

Наиболее легко повреждаемым органом у этих людей является сердце, возможна тахикардия. Кроме того, они могут страдать от проблем с ушами и кишечником. Им следует носить одежду ярких цветов, среди которых преобладает красный, а также использовать в качестве амулетов такие кварцы, как гранат и гематит. Также следует использовать благовония и свечи.

Эти харизматичные, страстные и беспринципные люди хорошо общаются и нацелены на действие. Их эгоизм и стремление к успеху не поддаются исчислению, и они полагаются только на собственное мнение. Они склонны пренебрегать деталями, так как иногда проявляют упрямство и берутся за достижение целей, требующих напряженной работы.

Люди, рожденные под влиянием стихии огня, позитивны, всегда отдают все силы и с любовью и желанием берутся за любое дело.

Их энергия служит для поддержания окружающих, которым ее не хватает.

Огонь обогревает жилище, он позволяет нам готовить пищу. Эта стихия питает землю через пепел, она питается сухим деревом, то есть древесиной, ее тепло доминирует над металлом, то есть делает его гибким, а доминировать над ним может только вода.

Лидер всегда обладает избытком стихии огня и склонен к быстрому принятию решений. Его привлекают нестандартные идеи, он не боится опасности и всегда находится в движении.

Важно научиться обладать эмоциональным интеллектом, потому что высокомерие может усилить ваш эгоизм и сделать вас неуправляемым, особенно когда вы сталкиваетесь с препятствиями.

Этот само разрушительный стиль проявляется в основном в юности.

Успех сопутствует людям огненной стихии, но им следует быть очень осторожными с нестабильностью и неугомонностью, которые являются самыми обычными неадекватными качествами рожденных под огнем.

Лучше овладеть этими недостатками, чтобы не быть порабощенным ими. Нужно искать тихое место, где можно уединиться, а медитация также поможет обрести равновесие.

Люди стихии огня упорны и прибыльны.

Элемент Дерево

Люди, родившиеся в годы, оканчивающиеся на цифры 4 или 5, относятся к стихии дерева. Дерево — это элемент, символизирующий гармонию, красоту и творчество. Они обладают очень высокой степенью уверенности в себе и железной волей, что делает их подходящими людьми для борьбы за правое дело.

Дерево связано с планетой Юпитер, это самая благотворная из стихий, символ постоянства и знания. Приспосабливаемое, оно удобно гнется и имеет множество применений, характеризуя общительных, уступчивых и честных людей.

Люди стихии дерева творческие и жизнелюбивые, но иногда они разбросаны и не могут найти свой путь и реализовать свои цели. Они доверяют окружающим до невинности, любят общаться со всеми подряд, постоянно открывая для себя что-то новое и удовлетворяя себя. Их привлекает природа и дети, они отдают предпочтение семье.
Иногда они склонны к неоправданным ожиданиям, имеют привычку принижать свое тело, чрезмерно налегать на еду, увлекаться страстью и чувственностью.
Они привыкли выбирать себе в партнеры представителей водной стихии, от которых черпают смелость и поддержку, и представителей огненной стихии, которых они выгодно снабжают своими блестящими идеями.
Он не очень хорошо уживается с металлическим элементом, который безжалостно его разрушает.

Элемент Дерево узнаваем по зеленоватому цвету. Этим людям следует беречь глаза.

Дерево используется для строительства убежищ, поэтому оно защищает нас. Дерево совпадает с творческим потенциалом воды, и благодаря этому качеству они понимают и помогают другим.

Рожденные под стихией дерева испытывают внутренние противоречия, заставляющие их подчиняться правилам и традициям, где постоянно действует суровое осуждение. Эта стихия питает воду и в то же время является топливом для огня. Ее энергию всасывает земля и подчиняет себе металл.

Люди стихии дерева всегда добиваются больших успехов, имеют желанную структуру. Их профессии многогранны.

Они придают большое значение честности, стремятся найти постоянное место в жизни. Вера в успех и аналитические способности дают им возможность без колебаний решать самые сложные задачи.

Обладая невероятной силой убеждения, они работают во многих областях, поскольку всегда имеют целью развитие и трансформацию.

Природная воля помогает им двигаться вперед, они всегда находят поддержку и необходимый капитал, поскольку другие люди рассчитывают на их способность превращать идеи в богатство.

Его главное препятствие - доводить дело до крайности. Гнев и сдерживаемый гнев абсолютно негативно влияют на энергии этого элемента. Нахождение вблизи деревьев и прикосновение к ним уравновешивает стихию дерева.

На работе люди, принадлежащие к стихии дерева, отличаются организованностью, умом и находчивостью.

В коммерческой деятельности они более плодотворны, когда работа носит командный характер и хорошо структурирована.

Ни одна сфера деятельности, связанная с их стихией, не является неблагоприятной, но та, что связана с огнем, может в какой-то степени повлиять на них, а та, что связана с металлом, погубит их.

Элемент воды

Самый нечувствительный и генетический элемент, аффинный к зиме, долголетию и планете Меркурий, является управителем общения и глубоких привязанностей.

Человек водной стихии чувствителен, но герметичен. Он милосерден, сентиментален и раним, ненавидит критику и поэтому предпочитает действовать скрытно, чтобы защитить себя. Он сердечен, красноречив и в то же время благоразумен, умеет преодолевать неудачи без показухи, с помощью хитрости, проницательности и настойчивости. Таким образом, он достигает своих целей косвенно и молча, производя впечатление внимательного и понимающего человека.

Недостаток энергии - проблема для водного элемента, если он не научится уравновешивать свою беспомощность силой, которая приходит от размышлений и общения с самыми глубокими частями своего существа. Паника всегда является путеводной нитью его драматической жизни, часто прожитой в темноте из-за страха проявить себя и вступить в борьбу.

На профессиональном уровне они стесняются конкуренции, однако хорошо работают в чистых и защищенных местах, таких как школы, книжные магазины, редакции или любые места, где общение, устное или письменное, является основным механизмом, и в компании мирных коллег, которые соответствуют их личности, например, кто-то из стихии дерева, с которым совпадает стремление к мудрости, или металла, от которого они получают решение.

 Напротив, он не приспосабливается ни к огненной стихии, которую он гасит и отталкивает, ни к личностям, принадлежащим к земной стихии, с которыми он чувствует себя ограниченным, обусловленным и затрудненным.

Черный цвет благоприятствует им, но использовать его следует умеренно, поскольку он, как правило, отпугивает их. То же самое происходит с темными кварцами, привлекающими удачу, такими как струя, оникс и турмалин. Чтобы наилучшим образом использовать свои качества, не впадая в крайности и не распыляясь, человеку водной стихии следует начинать свои планы зимой.

В позитивные периоды любовных отношений представители этой стихии проявляют нежность, уравновешенность и осторожность - потенциалы, позволяющие им вести себя с необходимой проницательностью, чтобы устранять причины конфликтов, когда они возникают.

Они обладают невероятной способностью к рассуждениям, хотя их замкнутый, глубокий и пасмурный характер приводит к тому, что они склонны к меланхолии. Им также свойственны неуверенность в себе и дерзость. Творчество - одна из основных характеристик представителей этой стихии, а также адаптация, мягкость, милосердие и сочувствие. Без воды на земле не было бы живых существ, эта стихия чиста и кристальна, какими качествами обладают те, кто принадлежит к этой стихии.

Люди, принадлежащие к этой стихии, приветливы и прекрасно владеют собой. Они обладают оригинальной интуицией, которая позволяет им быстро завоевывать. Выносливость и ясность мышления дают им возможность предсказывать события.

Они могут воспринимать способности других людей, эффективно их использовать, но при этом они сдержанны и не позволяют окружающим заметить, что они их используют.

Злоупотребления натрием или алкалоидами, а также жизненные прототипы, отклоняющиеся от общепринятых структур, очень вредны для людей, рожденных под стихией воды. Соблюдение режима сна, спокойное психическое и эмоциональное состояние, контакт с водой восстанавливают их гармонию и оптимизируют энергетику.

Люди, принадлежащие к знаку водной стихии, могут иметь профессии, связанные с деревом и огнем, и быть успешными, иметь работу, связанную с их собственной стихией, и отказываться от карьеры, функций и работы, связанных с землей, поскольку земля подчиняет себе воду.

Совместимость и несовместимость

Они совместимы:

Крыса - Дракон - Обезьяна.

Они общаются друг с другом через свои личности, которые очень активны и дружелюбны. Все трое трудолюбивы, нетерпеливы, страстны и неугомонны, всегда имеют высокие устремления. Они полны идей, обладают выдержкой и смелостью, необходимыми для их реализации, всегда приходят к новаторским, неожиданным, удивительным и сильным решениям.

Тигр - Лошадь - Собака.

Их объединяет удовлетворение, которое они испытывают при взаимодействии. Их объединяет скромность, достоинство, честность и упрямый альтруизм. Проницательные, проницательные и коммуникабельные, но немного жестокие и строгие, они энергично борются с неравенством, насилием и беззаконием. Эти три знака никогда не продают свою совесть.

Бык - Змея - Петух.

Эти три знака объединяет формальность, разумность и серьезность, которой они добиваются в своей жизни. Энергичные, предприимчивые и неутомимые, негибкие в своих решениях, они любят все переосмыслить и спокойно спланировать, прежде чем брать на себя обязательства, о которых потом придется пожалеть. Их недостаток - холодность, поскольку разум для них должен преобладать над эмоциями.

Кролик - Коза - Свинья.

Три эмоциональных знака, которых объединяет творческий потенциал. Инстинктивные, восприимчивые, чувствительные и замкнутые, они легко приспосабливаются к среде обитания и, будучи хорошими добытчиками, не прочь зависеть от других. Их ежедневные аффирмации всегда содержат в себе слова: совершенство, союз и соответствие.

Примечание: Противоположные знаки - противоположные враги:

Крыса - Лошадь

 Бык - Коза

 Тигр - Обезьяна

Кролик - Петух

 Дракон - собака

Змея - Свинья.

Собака

Характеристики

 Собаки любят делать других людей счастливыми, хотя нередко их упрямство и манера трактовать все с избытком законности могут провоцировать конфликты. Они считают, что мир перевернут с ног на голову, но не пытаются его преобразовать, а просто приспосабливаются к нему.

Собаки чрезвычайно верны. Их верность проявляется в дружбе и любви, хотя это не означает, что они необыкновенные любовники. Собаки могут переживать страстные моменты, но это будет только так, поскольку их часто беспокоят обыденные ситуации, которые занимают больше места в их мыслях, чем работа, друзья или партнер.

На самом деле, даже если они недостаточно любят, они всегда будут стараться спасти отношения, потому что у них очень хорошие чувства, и они сделают все возможное, чтобы помочь. Они всегда будут решать проблемы других людей до того, как они возникнут. Кто-то может расценить это как вмешательство, и их упрямство не позволит им понять, что их желание помочь иногда оказывается неудобным для других.

Собаки - хорошие советчики и выполняют приказы начальства. Их характер помогает сглаживать любые конфликты в компании. Это, а также свойственное им чувство равенства, позволяет использовать их в социальной работе.

Собака редко раздражается на кого-то, она заставит его образумиться, не испытывая при этом ненависти. Не все Собаки стремятся к конфликтам, напротив, они нацелены на защиту человечества и общего блага.

Если Собака принимает решение взяться за правое дело, она всегда добивается успеха, потому что ее усилия и ценности высоки. Собака очень ответственна, по темпераменту она посредник и с интересом выслушает ваши доводы, но, если попросить ее рассказать о своей жизни подробно, она будет неуловима и сдержанна.

Собака иногда имеет плохую репутацию саркастичного человека, но это общее мнение. Для него не существует гобеленов, все либо черное, либо белое. Ничто не может быть наполовину. Он должен знать, как вы себя ведете, прежде чем ему станет с вами комфортно.

Комфортная, решительная, обладающая точным достатком, Собака будет хорошим советчиком, который не проявит милосердия даже к самому себе.

 Люди доверяют Собаке за ее рассудительность и чувство долга, но это не отменяет ее склонности провоцировать мелкие ссоры, к которым она так склонна. Несмотря на то, что Собака всегда довольна и счастлива, она инстинктивно меланхолична.

Он склонен суетиться без причины и всегда должен давать лаконичные ответы. В гневе он может быть неприятен или тревожен, но в целом спокоен и готов удовлетворить потребности окружающих.

Завоевав преданность Собаки, она полностью доверится вам и окажет абсолютную поддержку. Люди этого знака энергичны и могут взять на себя много забот, не выходя из строя. Наилучшая совместимость у Собаки с Лошадью, Кроликом и Тигром.

Она никогда не будет иметь осложнений с Крысой, Змеей, Обезьяной, Свиньей или с другой Собакой.

Однако Собаке очень трудно иметь дело с Петухом, и она никогда не сможет полностью довериться Дракону. Его отношения с Козой нельзя назвать здоровыми.

Собака

Металлическая собака

Металлическая собака элегантна и сексуальна. Благодаря своей красоте эта собака всегда имеет вокруг себя много поклонников. Когда они ищут любовных отношений, им нужен кто-то стабильный, поэтому они всегда ищут человека, который не живет иллюзиями.

Они страстны, но если разочаровываются, то им очень трудно вернуть свою уверенность и страсть. Они стремятся к преданности и стабильности и не терпят непостоянства.

Их привлекают приземленные люди, и для них очень важно доверять своим партнерам. Они должны научиться управлять этой потребностью в контроле, потому что только так можно преодолеть их собственничество.

Самая ценная их добродетсль - терпепие; все, что они начинают, они доводят до конца. Они обладают сверхъестественной силой духа, которая делает их настойчивыми, благоразумными и вдумчивыми.

Металлическая Собака знает, что злиться - удел глупцов, но, когда они раздражены, над ними трудно властвовать, особенно в вопросах, связанных с партнером.

Водяная собака

Водяная собака имеет степень магистра в области планирования, смела и не терпит традиций. Однако он любит свою семью и всех тех, кого считает людьми, заслуживающими его внимания. Он чутко реагирует на нужды тех, кто в них нуждается, и всегда готов сделать все возможное, чтобы помочь им.

Он очень добр к себе и к другим, иногда капризничает, но умеет контролировать свои эмоции. Он хороший друг и советчик.

Он не живет миражами и очень строг, потому что стремится к позитивным отношениям. Когда ему удается найти баланс между внешним восприятием и интуицией, он рассуждает правильно.

Несмотря на прекрасные интеллектуальные способности и харизму, они не стремятся к руководящим должностям из-за своей заботы о равенстве. Для них важно достижение сердечных отношений, и иногда они предпочитают мириться с обстоятельствами, заставляющими их страдать, боясь остаться в одиночестве.

Хотя они не терпят несправедливости, но учитывают мнение окружающих и не любят, когда их критикуют или осуждают. В отношениях они очень уступчивы и отзывчивы, потому что их цель - быть принятыми и любимыми.

Деревянная собака

Деревянные собаки пользуются уважением и вежливо общаются с другими.

Они, как правило, хорошие экономисты, поскольку умеют вбирать в себя мрачные бездны колебаний ресурсов и искать равновесие. Их успех связан с успехом их компании или семьи. Накапливают ресурсы усилием воли и постоянством, как правило, в интересах своей семьи.

Его энергия иногда раздражает, потому что он обладает сильной волей, которая преодолевает любые препятствия. Когда он проявляет свои положительные стороны, он мятежен, решителен и рассудителен. Если же он проявляет свою темную сторону, то может быть недоверчивым, обидчивым и раздражительным.
Эта Собака чрезмерно чувственна, но является страшным врагом, способным на лютую ненависть, когда его раздражают. Их нельзя обмануть, потому что они все узнают,

и если случится нелояльность, то это будет означать гигантские усилия, чтобы перевернуть страницу.

Как отец он склонен быть требовательным и строгим. Но благодаря своей способности радоваться жизни он является другом своих детей.

Иногда они получают завещанное или семейное имущество, которое в итоге скрывают.

Огненная собака

Огненная собака умна и трудолюбива. Они всегда успевают сделать всю работу в срок, но из-за отсутствия концентрации слишком сильно рассеивают свою энергию. Они очень подвержены влиянию других людей и окружающей среды.

Огненная собака отличается честностью и готовностью помочь тем, кто в этом нуждается. Его спокойный, но веселый нрав делает его душой любого светского раута.

Иногда они теряют чувство такта, и стремление докопаться до истины заставляет их высказывать свое мнение, независимо от того, на кого оно влияет. Огонь, управляющий этим знаком, не дипломатичен, но он вдохновляет.

Он обладает невероятной соблазнительной силой, но когда он бунтует, то становится сложным. Они предпочитают стабильный, постоянный заработок. Они знают, как трудно им зарабатывать необходимые деньги, что усугубляется их непредусмотрительностью в этом вопросе.

Обладают хорошей умственной концентрацией и способностью полностью погружаться в работу. Интуитивно, на невербальном уровне, предпочитает учиться на непосредственном опыте или в процессе обучения, а не по книгам или лекциям.

У него есть механические навыки в руках. Он может стать очень искусным гончаром, плотником или специалистом в области ручного труда. У него противоречивые эмоциональные потребности, которые осложняют его личную жизнь. Обладает сильным чувством цели и инстинктивно понимает, что для достижения чего-то достойного восхищения необходимо исключить все лишнее и полностью посвятить себя цели, которую он хочет достичь.

Земляная собака

Земляная Собака спокойна, ласкова и сдержанна. Его работоспособность зависит от того, насколько прочно сочетаются его слова и поступки. Поэтому для него предпочтительнее сначала подумать, что он говорит, а не исправлять сказанное или имитировать сделанное.

Эта Собака может стать человеком, обладающим авторитетом или властью в интеллектуальном мире. Он обладает молниеносной интуицией, которая проявляется в определенное время и довольно точно. Его задача - снизить уровень эмоционального напряжения, чтобы проявилась истинная интуиция. В противном случае аффективное поведение будет отстраненным, холодным и склонным к необдуманным разрывам.

Этой собаке необходимо сочетать привязанность со свободой, что трудно, но не

недостижимо. Ключи к достижению этой цели
- уважение к другим людям и братское
общение.

Вас часто нервируют эмоциональные реакции
других людей, которые кажутся Вам чуждыми
Вашей собственной природе. Для того чтобы
более терпимо относиться к различным
эмоциональным проявлениям окружающих,
Вам было бы целесообразно получить
эмпирические знания о психологии человека.

Прогнозы 2024

Собака

2024 год будет очень позитивным годом. Все будет происходить быстро. Появится много возможностей, и те цели, которых вы не достигли в прошлом году, приложив усилия, вы сможете достичь в 2024 году. На работе вы будете использовать весь свой накопленный опыт, который пригодится вам в этом новом году. Когда появятся новые возможности, Вы окажетесь на передовой, получая всевозможные выгоды.

Они должны быть более вовлечены в работу или учебу, это также пойдет им на пользу, если они будут проявлять больше инициативы и станут незаменимыми.

Те, кто ищет работу, если они проведут тщательное исследование, то найдут интересующие их возможности и смогут без проблем подать заявку. Им следует выяснить, какая отрасль является наиболее подходящей. Если они решат разработать личный проект, их ждет большой успех. Они должны найти время для этого, потому что это будет очень полезно, и вы добьетесь больших успехов, а также экономической выгоды.

Они будут вести активную социальную жизнь и получать удовольствие от мероприятий и выездов с друзьями. Возможны путешествия.

У вас все получится в любви. Если Вы одиноки, то у Вас будут возможности встретить особенных людей, влюбиться и прожить историю любви. Для тех, у кого уже есть партнер, это будет год совместной жизни.

Вы передадите свой энтузиазм семье, дома воцарится гармония, у вас будут поводы для праздников, и вы будете чувствовать себя счастливыми. Не растрачивайте свою энергию впустую, потому что она вам еще понадобится в течение года. Не пытайтесь сделать тысячу дел одновременно, планируйте, и у Вас на все будет хватать времени и сил.

В этом году у них есть все возможности для того, чтобы блистать и принимать любые вызовы, но они должны быть очень осторожны, так как это может привести и к катастрофе. Они будут ошибаться в сторону благосклонности к другим, захотят взять на себя слишком много и будут играть с удачей. Тем не менее, при правильном подходе этот год может быть успешным.

Вы будете отлично справляться со своими обязанностями и сможете полностью раскрыть свой потенциал. Ведите сбалансированный образ жизни. Не будьте грубы с окружающими. Поспешность и риск являются негативными факторами.

Если вы заинтересованы в расширении своих знаний и изучении новых предметов, то 2024 год будет благоприятным для учебы. Это также год приобретения опыта и практического применения полученных знаний.

Им следует заниматься спортом, расходовать энергию и находить равновесие. Остерегайтесь совершать безумные поступки, так как в этот год можно получить травму.

Сочетание знаков Зодиака с китайским гороскопом

Если объединить восточные и западные гороскопы, то поразительно, насколько они связаны и точны.

Китайский и западный гороскопы - наиболее часто используемые гороскопы. Если у Вас есть возможность глубоко разобраться в них, то это облегчит Вам их использование и централизованный подход.

Оба гороскопа основаны на положении звезд, но в китайском гороскопе используется 28 созвездий, а в западном - 88. Китайский гороскоп основан на 12 животных, которые управляют каждым годом, а западный - на 12 знаках, которые управляют каждым месяцем.

Китайский гороскоп основан на лунном календаре и является самым древним из известных на сегодняшний день гороскопов. Возможно, ваш знак зодиака совпадает с вашим знаком в китайском гороскопе, но это случается нечасто. Если бы это было так, то предсказания были бы более точными.

Между знаками обоих гороскопов существует эквивалентность:

Овен/Дракон

Телец/Серпент

 Близнецы/Лошадь

Рак/Коза

Лев / Обезьяна

Дева/Петух

Весы / Собака

Скорпион / Свинья

Стрелец / Крыса,

Козерог/Овен

Водолей / Тигр

 Рыбы / Кролик

Комбинации

Собака

Овен / Собака

Люди с таким сочетанием знаков неугомонны. Они являются провозвестниками справедливости и всегда способны пожертвовать собой ради других. Они очень порядочны, имеют высокий профессиональный уровень и честно ведут себя с друзьями.

У этих людей доброе сердце, их ум очень подозрителен, а интуиция позволяет им распознать, когда кто-то их обманывает. Они не приемлют лицемерных людей и никогда не занимаются сплетнями.

Телец /Собака

Смешение этих двух знаков дает надежных и достойных людей. Они очень ответственны и благородны. Им нравится видеть положительные стороны в любых обстоятельствах, они излучают уверенность и доброту.

Они очень терпеливы, скрупулезны и обладают высокими моральными ценностями. Они умеют слушать и никогда не навязывают своего мнения. По характеру они упорны, волевые, а ощутимое — это инструмент, который они всегда используют для движения вперед.

Близнецы/ Собака

Сбалансированная личность - результат объединения этих двух энергий. Иногда они беспокойны, им не хватает эмоционального интеллекта, так как они склонны к непредсказуемому поведению.

Они обладают сложным темпераментом, который побуждает их принимать поспешные решения и разочаровывать окружающих. Их легко обидеть, хотя они общительны и обладают братским характером. Они не сторонники рутины, любопытны и активны.

Рак / Собака
Люди с этими знаками сдержанны. У них раздвоенная личность, поскольку они очень бережно относятся к окружающему миру. Они проживают свою жизнь с большой страстью и наслаждаются своей семьей, которую всегда защищают. Они склонны поддаваться соблазнам, потакать себе, иногда бывают ленивы и провокационны.

Ими легко манипулировать, поэтому они вынуждены подавлять свои сомнения и изолировать эмоции.

Лев/ Собака

Эти люди горды и уверены в себе. Они никогда не сомневаются в себе и мужественны. Им нравится быть в центре внимания, они лидеры и любят все контролировать. Они выступают против несправедливости, их личность магнетона, и они вдохновляют других своими поступками, потому что обладают большой смелостью.

Они свободно выражают свои мысли, реалистичны и защищаются. Когда их предают, они отдаляются и затаивают обиду, избегая сближения с другими людьми.

Дева /Собака

Сочетание, дающее безупречных личностей с железной стойкостью. Они мягки и практичны, никогда не ошибаются при принятии решения, поскольку проанализировали все "за" и "против". Они требовательны к друзьям, выбирают людей с высокими ценностями и честных. Их пугает возможность отказа, и это чувство не позволяет им полностью отдаться отношениям. Они часто придумывают драмы, чтобы заполнить пустоту, когда жизнь становится скучной.

Весы/ Собака

Это сочетание дает добрых людей, способных жертвовать своими интересами ради общего блага. Для того чтобы чувствовать себя уверенно, им необходимо, чтобы все сферы их жизни были сбалансированы. Они сами себе злейший враг, поскольку проверяют этот баланс, провоцируя экстремальные ситуации. Они проницательны и внимательны к окружающим. Они умеют концентрироваться, но это не освобождает их от совершения необдуманных поступков.

Они редко прислушиваются к советам, имеют разносторонние интересы, а чувство соперничества делает их отличными в творческой сфере.

Скорпион/Собака

Такая смесь дает высокомерного человека. В глубине души они очень чувствительны и сострадательны, но не показывают этого, так как это их защитный механизм. Это мистики, с хорошо развитой интуицией и осторожностью в общении.

Они вежливы, верны и любят наслаждаться жизнью по полной программе, не задумываясь о многом. Они харизматичны и решительны.

Стрелец/ Собака о

Это человек, который никогда не терпит одиночества. Они оптимистичны и высказывают свое мнение без удержу. Они всегда привлекают в свою жизнь других людей благодаря своей позитивной энергии, и поэтому круг их друзей растет с каждым днем.

Им можно доверять, у них есть плечо, на котором можно поплакать, и рука, которую можно подержать в самые страшные минуты.

Козерог/ Собака

Этот человек спокоен и интеллигентен. Он общителен, ответственен и сострадателен. Он уважителен и имеет очень высокие моральные ценности. Влюбившись, они очень верны, но ревнивы. В их жизни нет места лжи, поэтому они доверяют всем. Они настойчивы, берут на себя много обязанностей, стремятся к тому, чтобы с ними считались и уважали их. Они умеют управлять собой в финансовом отношении, не забывая о своих стремлениях и наилучших способах их достижения.

Водолей/ Собака

Эти люди очень ответственны и не нуждаются в поддержке окружающих. Свое мнение они ценят выше чужого. Они преуспевают в любой профессии и умеют ставить себя на место других, являясь хорошими друзьями. Они часто не умеют распознавать реальность и могут зацикливаться на своих представлениях.

Он наделен высшим интеллектом и поэтому считает, что остальной мир не соответствует его стандартам.

Рыбы /Собака

Эти люди склонны жить в облаках, потому что они мечтатели. Они готовы на все, чтобы получить деньги, поэтому могут впасть в состояние отчаяния, которое приводит их к совершению противоправных действий. Из-за боязни конфронтации они часто уходят в себя и становятся очень уязвимыми.

Они не приемлют дисциплины, любят драматизм, капризны и интуитивны. Они очень подозрительны, прекрасно все понимают и не эгоистичны по отношению к своим друзьям.

Оформление дома в соответствии с требованиями фэн-шуй

Фэн-шу — это китайская философия, изучающая окружающую среду, основанная на теории июнь и я и пяти стихий. Специалисты доказали, что в древнем Китае регулярно выбирали территории, окруженные горами и имеющие реку. Это происходило не только потому, что такие территории обеспечивали главные критерии выживания, но и потому, что они соответствовали закономерностям, установленным Фэн-шуй. Основная идея Фэн-шуй - достижение баланса между человеком и Вселенной. Если есть хорошие энергии, то есть и баланс, поскольку Фэн-Шуй влияет на судьбу каждого человека. Изучая Фэн-Шуй, человек может работать над своей совместимостью с природой, окружающей средой и своей жизнью, чтобы достичь большего процветания и здоровья в жизни.

Теория пяти элементов

Теория пяти элементов является одним из компонентов Фэн-Шуй. Эти элементы играют важную роль в определении правильного Фэн-Шуй в конкретном помещении. К этим элементам относятся: Огонь, Земля, Металл, Вода и Дерево, и каждый из них имеет свою специфику, символизирующую определенные аспекты жизни.

Пять элементов — это выражение, используемое в фэн-шуй для объяснения структуры природы. Эти элементы действуют совместно и должны быть всегда сбалансированы.

Фэн-шуй для двенадцати знаков китайского гороскопа

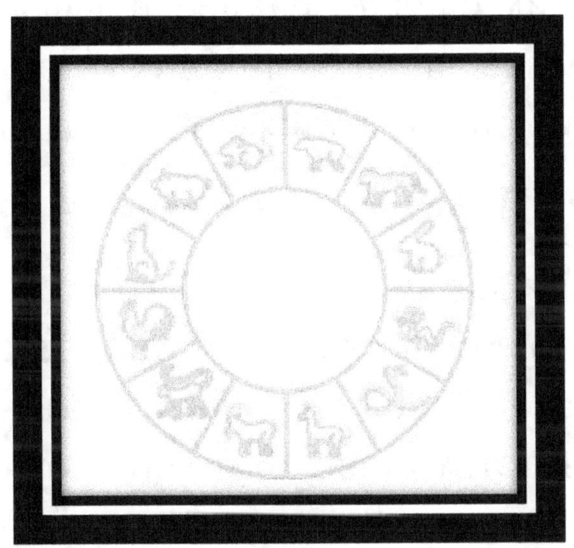

Знак Крысы

Вода благоприятствует людям, родившимся под знаком Крысы, она помогает им обрести процветание. Чтобы добиться изобилия, им следует поставить аквариум с золотыми рыбками в северной части офиса.

Знак Быка

Люди этого знака достигнут процветания, если будут использовать стихию Огня. Для этого им следует разместить фарфоровые или керамические изделия на своих предприятиях или в офисах, а также в своих домах.

Знак Тигра

Стихия земли — это то, что следует использовать людям, принадлежащим к знаку Тигра. Им следует добавить что-то соответствующее, символизирующее стихию земли. Горшечное растение или естественно растущий цветок могут принести в их жизнь процветание.

Знак Кролика

Для удачи и привлечения изобилия людям знака Кролика необходим тайный элемент земли в их жизни. Для этого следует спрятать нефрит или цитрусовый кварц в северо-восточной части дома или офиса.

Знак дракона

Северо-Запад отлично подходит для тех, кто родился под знаком Дракона. В этом направлении им следует поставить чашу с чистой водой, смешанной с небольшим количеством земли. Другой вариант - поместить в чашу цветок лотоса.

Знак Змеи

Процветание придет в жизнь людей, принадлежащих к знаку Змеи, если они будут использовать в своем доме или офисе металлические предметы, в частности золото и серебро.

Знак Лошади

Северо-запад - рекомендуемое положение для людей знака Лошади, чтобы получить большой капитал. Им следует поместить металлическую лягушку на северо-западе своего дома или предприятия.

Знак Козы

Север - соответствующая кардинальная точка для людей, родившихся под знаком Козы. Им следует поместить небольшую деревянную шкатулку или другой деревянный предмет на севере своего офиса или дома.

Если используется деревянная коробка, то в нее нужно положить предмет, связанный с их профессией. Например, писатель может положить в коробку карандаш.

Знак обезьяны

Для того чтобы в жизнь людей, родившихся под знаком Обезьяны, пришло благополучие, им следует поставить растение своего размера или больше в этой кардинальной точке на западной стороне дома или предприятия.

Знак петуха

Удача придет в жизнь тех, кто принадлежит к знаку Петуха, если они положат несколько семян в стакан, бутылку или чашу темно-красного цвета. При этом не следует использовать металл.

Знак "Собака

Людям, принадлежащим к знаку Собаки, следует отказаться от элементов Воды и Земли в своей жизни. Они могут поставить в своем офисе или доме поленья или ветки растений, но нельзя ставить их в Воду или Землю.

Знак Свиньи

Людям, родившимся под знаком Свиньи, для привлечения удачи необходим элемент Огня в их жизни. Они могут поставить в своем доме керамический поднос или другие предметы из глины.

В этот год Дракона следует носить браслеты или браслеты из жемчуга.

Амулет с фигуркой Дракона или куранты с кристаллами "Фэн-шуй удачи" следует поместить на юго-востоке дома или в семейной зоне спальни, кабинета.

Не забудьте украсить свой дом зелеными растениями, натуральными цветами различных расцветок, фотографиями, картинами или изображениями, характеризующими пейзажи и сады.

Также следует использовать деревянные украшения и не размещать фотографии умерших членов семьи рядом с текущими семейными фотографиями, так как вибрации этих фотографий несут боль и отнимают у вас энергию.

На самом деле китайский Новый год имеет множество традиций, связанных с прощанием со старым и подготовкой к новому. Одна из традиций, которую мы рекомендуем соблюдать, - не готовить на домашней кухне в первый день китайского Нового года по лунному календарю, так как доставать острые инструменты, например ножи, привлекает дурную примету. Это может лишить удачи на весь оставшийся год.

Первые 15 дней празднуется китайский Новый год, и, хотя иногда на это действительно не хватает времени, желательно провести подготовку заранее.

Если вы успеете подготовиться заранее, это поможет вам привлечь благополучие. В этом году за два дня до наступления китайского Нового года, т. е. в четверг, 8 февраля 2024 года, начните делать глубокую уборку в своем доме. Не забывайте, что уборка в первый день Нового года считается плохой приметой, так как вы выметете всю свою удачу через парадную дверь.

В ночь перед китайским Новым годом, в пятницу, 9 февраля 2024 года, спланируйте и запишите все свои цели на год, если вы не сделали этого 1 января.

Запишите абсолютно все свои желания после Новолуния в пятницу 02.09.2024 в 5:58 вечера по восточному времени. Какие цели Вы хотите достичь в своей профессиональной деятельности, в сфере финансов, в любовной и семейной жизни? Составьте список для каждой сферы вашей жизни, которую вы хотите улучшить.

Если у вас есть возможность приобрести деревянный сундучок, то это будет идеальным вариантом, поскольку в него можно положить список желаний, а также пиритовый кварц и цитрин - камни, привлекающие процветание и изобилие. В сундучок следует положить три китайские монеты, поскольку они являются традиционными символами изобилия.

Все, что вы положите в этот сундучок, будет защищать ваши желания и усиливать энергию процветания. Хранить сундучок следует в специальном безопасном месте, лучше всего на возвышенности, так как в этом случае вы сможете привлекать положительные энергии, находясь на видном месте.

Не забудьте надеть новую одежду, потому что она символизирует новые энергии, которые вы хотите привлечь в свою жизнь. Вам следует надеть какие-нибудь детали красного цвета.

В частности, в Новый год постарайтесь не расстраиваться, по возможности возьмите выходной, чтобы не волноваться из-за пробок и забот. Не забудьте зайти на рынок и купить пакет апельсинов, так как это символизирует приход благополучия в ваш дом в новом году.

ы на 2024 год

Этот год благоприятен для личностного роста, поэтому следует использовать открывающиеся возможности и не только развивать свои навыки, но и осваивать новые.

Все, что вы делаете в 2024 году, — это инвестиции в ваше будущее. Это будет очень напряженный год, но его энергия обнадеживает, поскольку год Дракона предоставит вам возможности, необходимые для достижения успеха. Однако для того, чтобы получить выгоду, необходимо изучить все имеющиеся варианты и проанализировать все возможности.

Вы должны быть внимательны и готовы выслушать все советы и помощь. При наличии силы воли и инициативы перед вами откроются новые двери.

В этот год Дракона вам предстоит многому научиться, но если вы примете вызов, то сможете не только продвинуться в своей профессии и увеличить доход, но и приобрести ценный опыт.

В год Дракона вы не только получите большую финансовую выгоду, но и, благодаря своей предприимчивости, найдете хобби, которое принесет вам благополучие.

Однако необходимо соблюдать дисциплину в расходовании средств и тщательно составлять бюджет, особенно если речь идет об очень крупных сделках.

Если в течение года вам придется подписывать контракты или заключать важные соглашения, необходимо проверить условия и все последствия.

Чтобы добиться наилучших результатов, необходимо вести сбалансированный образ жизни, заниматься спортом, соблюдать режим сна и правильно питаться. Вам будет полезно завести новых друзей.

В год Дракона жизнь может вести себя загадочно и притягивать удачные события, которые откроют перед вами множество возможностей.

Шанс играет важную роль в Вашей жизни в этом году, трансформируя Ваше экономическое положение. После мая будет наблюдаться повышенная социальная активность, и Вы сможете получить массу удовольствия.

Это будет плодотворный год, в котором предстоит принимать решения, совершать покупки и наслаждаться удовольствиями. Те, у кого есть партнер, поймут, что, объединившись, они достигают еще больших успехов.

Это год, в котором способность воспринимать возможности принесет много пользы, Год Дракона обладает большим потенциалом, поэтому будьте открыты для возможностей и готовы к переменам и адаптации.

Год Дракона вознаградит предпринимателей.

Вечером того же дня, перед началом года, следует сделать уборку в доме, открыть все окна для проветривания и расставить белые и желтые цветы во всех местах общего пользования. В частности, у входа в дом следует разместить благовония корицы, сандала, эвкалипта или лаванды, либо благовония Пало Санто, Белого Шалфея или Ванили.

Необходимо хорошо окурить дом. Сахумерио — это действие по созданию дыма, как правило, с помощью благовоний, для ароматизации окружающей среды и использования его в качестве инструмента для очищения и уборки.

Их особенность заключается в том, что они источают приятный аромат, который, как утверждается, обладает расслабляющими свойствами. Многие используют сахумерио с целью изменения энергетических вибраций своего дома.

Если у вас есть благовония, которые вы собираетесь передавать по всему дому, не забывайте делать круговые движения вправо. Если вы намерены очистить личный участок, то начинать следует с собственного тела, начиная с ног и заканчивая головой, а затем возвращаться к сердцу, делая при этом легкие круговые движения.

Поскольку это год Кролика, желательно иметь в доме пару металлических или деревянных кроликов, а если есть возможность, то и стеклянных, так как они олицетворяют стихию года - воду.

Если у Вас нет такой возможности, то Вы можете символизировать его с помощью изображений, портретов или фигурок. Считайте, что это счастливый талисман, ведь в итоге кролик стремится к процветанию. Он принесет в ваш дом большое богатство.

Еще одна рекомендация для 2024 года - покрасить некоторые стены в своем доме в небесно-голубой цвет.

Этот цвет является одним из цветов процветания в новом году. Будьте осторожны с наполнением дома синим цветом, не забывайте, что главное — это баланс. Если вы переборщите с синим цветом, то привлечете к себе уныние или апатию.

Альтернатива или вариант - носить его с собой, в виде браслета, сережек-подвески, маятника, шпалы, на кольце, брелоке или талисманом в кармане или сумочке.

Если у вас есть и кролик, и вода, то это образует ассоциацию богатства, укрытия и удачи в вашей жизни, доме или офисе. Всегда помните, что всему сопутствуют постоянство и усилия. Если у вас есть возможность приобрести некоторые растения, например базилик, который обладает большой способностью генерировать изобилие, а также способностью уходить и транс мутировать плохие вибрации, вы не пожалеете.

Жасмин - еще один хороший вариант: в вашем доме всегда будет царить аромат и хорошие вибрации.

Свежий жасмин должен быть в вашем доме всегда, когда у вас есть такая возможность, но самое главное - в первый день китайского года он должен быть в каждом уголке вашего дома.

Ритуалы начала китайского Нового года 2024

 Китайский Новый год следует встречать с радостью, музыкой и великолепным семейным обедом. Это время для празднования и сосредоточения внимания на удаче и процветании в наступающем году.

Вы должны надеть новую одежду, потому что это символизирует новое начало.

Для этого дня хорошо подходит резонансный цвет, например красный, который обычно символизирует гармонию, удачу и благополучие.

В ожидании Нового года избегайте носить белое или черное, так как именно эти цвета обычно надевают на похороны.

Проведение очищения для подготовки к китайскому Новому году в виде ритуала очень полезно.

Такая уборка призвана отогнать злых духов, которые могут прятаться в углах дома.

Обычно люди меняют мебель или переставляют ее, подкрашивают краску в доме, ремонтируют поврежденные участки, моют окна большим количеством воды.

Ритуалы энергетического очищения

Вечером того же дня, перед началом нового года, следует сделать уборку в доме, открыть все окна для проветривания и расставить белые и красные цветы во всех местах общего пользования.

Конкретно у входа следует разместить благовония из корицы, сандала, эвкалипта или лаванды, а также сжечь лавровые листья. Лавр - растение, обладающее способностью защищать, очищать и исцелять. Еще один способ привлечь в дом положительные энергии - сочетание корицы с лавровыми листьями. Сожгите лавровые листья и посыпьте их порошком корицы. Когда эта смесь будет зажжена, распустите дым по всем комнатам дома.

Необходимо хорошо окурить дом. Сахумерио — это действие по созданию дыма, как правило, с помощью благовоний, для ароматизации окружающей среды и использования его в качестве инструмента для очищения и уборки.

Их особенность заключается в том, что они издают приятный аромат, который, как утверждается, обладает расслабляющими свойствами.

Многие люди используют благовония для изменения энергетических вибраций своего дома.

Если у вас есть благовоние, которое вы собираетесь передавать по дому, не забывайте делать круговые движения вправо.

Если вы намерены очистить личный участок, то начинать следует с собственного тела, начиная с ног и заканчивая головой, а затем возвращаться к сердцу, делая при этом легкие круги.

Поскольку это год Зеленого Деревянного Дракона, желательно иметь в своем доме пару деревянных драконов. Если у вас нет такой возможности, вы можете символизировать ее с помощью изображений, портретов или фигурок.

Еще одна рекомендация для 2024 года - покрасить некоторые стены своего дома в зеленый цвет.

Этот цвет символизирует процветание в текущем году. Не перенасыщайте свой дом зеленым цветом, помните о необходимости соблюдать баланс. Если вы переборщите с зеленым цветом, то привлечете в свою жизнь стресс.

Альтернатива или вариант - носить его с собой, в виде браслета, серег-подвески, маятника, шпалы, на кольце, брелоке или талисмана в кармане или сумочке, это сформирует ассоциацию богатства, укрытия и удачи в вашей жизни, доме или офисе.

Если вы сможете приобрести некоторые растения, такие как лаванда, рута или денежное растение, которые обладают способностью генерировать изобилие, а также способностью уходить и транс мутировать плохие вибрации, то вы не пожалеете об этом.

Поскольку вода - элемент, дополняющий дерево, фонтан у входа в дом будет привлекать благополучие. Не забывайте, что вода должна течь внутрь.

 Размещение фонтана в зоне богатства вашего дома, расположенного с левой стороны, сзади, если смотреть от входной двери, принесет вам много материальных выгод.

Наряду с зеленым, красный цвет является счастливым для 2024 года, его следует использовать в своем доме, чтобы активизировать энергию удачи. Вы можете носить красный цвет на одежде или с каким-либо другим предметом, например шарфом, шапкой или браслетом, чтобы привлечь деньги.

Китайский Новый год следует встречать с радостью, музыкой и великолепным семейным обедом. Это время для празднования и сосредоточения на удаче и процветании в наступающем году. Следует **надеть** новую одежду, поскольку она символизирует новое начало.

Для этого дня хорошо подходит резонансный цвет, например красный, который обычно символизирует гармонию, удачу и благополучие.

В ожидании Нового года избегайте носить белое или черное, так как именно эти цвета обычно надевают на похороны.

Проведение уборки для подготовки к китайскому Новому году в виде ритуала очень полезно. Такая уборка призвана отогнать злых духов, которые могут прятаться в углах дома.

Обычно люди меняют мебель или переставляют ее, подкрашивают краску в доме, ремонтируют поврежденные участки, моют окна большим количеством воды.

Об авторе

Помимо астрологических знаний, Алина Рубина обладает богатым профессиональным образованием, имеет сертификаты по психологии, гипнозу, Рейки, биоэнергетическому целительству кристаллами, ангельскому целительству, толкованию снов, является духовным инструктором. Она владеет знаниями в области геммологи, с помощью которых программирует камни или минералы и превращает их в мощные амулеты или талисманы защиты.

Руби обладает практическим характером, ориентированным на результат, что позволило ей иметь особое, интегративное видение нескольких миров, способствующее решению конкретных проблем. Алина пишет ежемесячные гороскопы для сайта Американской ассоциации астрологов, их можно прочитать на сайте www.astrologers.com. В настоящее время она ведет еженедельную колонку в газете El Nuevo Herald на духовные темы, которая выходит каждую пятницу в цифровом виде и по понедельникам в печатном. Также ведет программу и еженедельный Гороскоп на YouTube-канале этой газеты. Ее астрологический ежегодник ежегодно публикуется в газете "Diario las Américas" под рубрикой Rubi Astrologa.

Руби написал несколько статей по астрологии для ежемесячного издания "Астролог сегодня", вел занятия по астрологии, Таро, чтению ладоней, исцелению кристаллами, эзотерике. Ведет еженедельные видеосюжеты на астрологические темы на YouTube-канале "Нового Вестника". Ведет собственную астрологическую программу на телеканале Flamingo T.V., дает интервью нескольким теле- и радиопрограммам, ежегодно публикует "Астрологический ежегодник" с гороскопом по знакам и другими интересными мистическими темами.

Она является автором книг "Рис и бобы для души", часть I, II и III, сборника эзотерических статей, изданных на английском и испанском языках, "Деньги для всех карманов", "Любовь для всех сердец", "Здоровье для всех тел", "Астрологический ежегодник 2021", "Гороскоп 2022", "Ритуалы и заклинания для успеха в 2022 году "Заклинания и секреты", "Астрологические классы", "Ритуалы и чары 2024" и "Китайский гороскоп 2024" - все на семи языках.

У нее есть свой канал на YouTube, посвященный психологии, эзотерике и астрологии, где можно посмотреть видео о родственных душах, реинкарнации, языке тела, астральных путешествиях, сглазе, заклинаниях и многом другом.

Руби прекрасно владеет английским и испанским языками, сочетая в своих выступлениях все свои таланты и знания. В настоящее время она проживает в Майами, штат Флорида.

Более подробную информацию можно получить на сайте www.esoterismomagia.com.

Ангелина А. Руби - дочь Алины Руби. С детства интересовалась всеми эзотерическими предметами, с четырех лет занималась астрологией и каббалой. Владеет Таро, Рейки и геммологи ей. Она является не только автором, но и редактором всех книг, изданных ею и ее матерью.

За дополнительной информацией обращайтесь к ней по электронной почте: rubiediciones29@gmail.com.